واحة الحكايات للنشر والتوزيع
دبي- واحة دبي للسيليكون
الإمارات العربية المتحدة
Wahat Alhekayat Publishing
and Distribution - UAE
Dubai +97143336366
+971504599804
+971558236687
info@wahatalhekayat.com
www.wahatalhekayat.com
www.wahatalhekayat.academy
سلسلة لكل حرف حكاية
قصة: لا يا ليلى
تأليف: صفاء عزمي
رسوم: زينة المسيري
ISBN 9789948097082
حقوق الطبع محفوظة

لا يا لَيْلى

تأليف: صفاء عزمي
رسوم: زينة المسيري

لا يا لَيْلى...نَحْنُ لا نَأْكُلُ الـمَلابِسَ.
لا يا لَيْلى ...نَحْنُ لا نَأْكُلُ الألعابَ.

4

لا لا...ونَحْنُ أَيْضًا لا نَأْكُلُ الكِتابَ.

نَحْنُ نَأْكُلُ الطَّعامَ ...

ونَلْبَسُ الـمَلابِسَ ...

ونَلْعَبُ بِالألعابِ...
12

ونَقْرَأُ مَعًا قِصَّةً في كِتابٍ.

نِقاشٌ: لِماذا قالَتِ الأُخْتُ الكُبْرَى: «لا يا لَيْلَى»؟

تَفْكيرٌ: إِذا ذَهَبْتَ في رِحْلَةٍ، ما هِيَ الأَشْياءُ الَّتي تُحِبُّ أَنْ تَأْخُذَها مَعَكَ؟

تَأَمُّلٌ: في صَفْحَة (13-12) أُشيرُ إلى الأَشْياءِ الَّتي تُحِبُّها لَيْلَى.

اِقْتِراحٌ: أَقْتَرِحُ إضافَةً إلى القِصَّةِ... أُضيفُ لُعْبَةً تَلْعَبُها لَيْلَى مَعَ أُخْتِها.

وَصْفٌ: أَبْحَثُ عَنْ لُعْبَةٍ تُعْجِبُني، وأُعَبِّرُ عَنْها بِعِدَّةِ كَلِماتِ...
مِثالٌ: دَبْدوبٌ صَغيرٌ، أَبْيَضُ، ناعِمٌ...

أفْكارٌ لِلأُسْرَةِ والمُعَلِّمِ

- في الصَّفْحَةِ المُقابِلَةِ، نَجِدُ مَجموعَةً مِنَ الأفْكارِ الَّتي تُساعِدُ عَلَى تَنْمِيةِ مَهاراتٍ أساسِيَّةٍ لَدَى الطِّفْلِ، مِثْلَ: القُدْرَةِ عَلَى النِّقاشِ والتَّفْكيرِ التَّحليلي النَّاقِدِ، وقُوَّةِ المُلاحَظَةِ، والتَّواصُلِ، والإبْداعِ.
- يُمْكِنُ أَنْ نأْخُذَ بِهَذِهِ الأفْكارِ، جَميعِها أوْ بَعْضِها.
- يُمْكِنُ أَنْ نُكَرِّرَ قِراءَةَ القِصَّةِ، وفي كُلِّ مَرَّةٍ نَخْتارُ بَعْضَ الأفْكارِ لِنُناقِشَها.
- إذا أحَسَّ الطِّفْلُ بِالنُّعاسِ أثْناءَ القِصَّةِ، مِنَ الأفْضَلِ أنْ نَتَوَقَّفَ ونُكْمِلَ القِصَّةَ لاحِقًا.
- في بَعْضِ الأحْيانِ يُجيبُ الطِّفْلُ عَلَى النِّقاشِ بِـ«نَعَمْ» أوْ «لا»، أوْ بِكَلِمَةٍ واحِدَةٍ. في هَـذِهِ الحالَةِ أُعْطي الطِّفْلَ بَعْضَ الوَقْتِ؛ كَيْ يَبْحَثَ عَنْ جُمْلَةٍ أوْ فِكْرَةٍ، ويُمْكِنُ أَنْ أُحَفِّزَهُ عَلَى الاسْتِمْرارِ في الحَديثِ بِكَلِماتٍ مِثْلَ: أحْسَنْتَ، رُبَّما، لِماذا؟ كَيْفَ؟ أَيْنَ؟ هَلْ تُحِبُّ؟ هَلْ تَعْتَقِدُ؟
- الهَدَفُ مِنْ هَذِهِ القِصَصِ لَيْسَ فَقَطْ الاسْتِمْتاعَ بِالقِراءَةِ، وتَعَلُّمَ الحُروفِ، ولَكِنَّهُ أيْضًا رَبْطُ أحْداثِ القِصَّةِ والشَّخْصِيّاتِ والأماكِنِ بِعالَمِ الطِّفْلِ، وتَنْمِيةُ هِواياتِهِ وقُدْرَتِهِ عَلَى التَّعْبيرِ.